AUX COULEURS DU MONDE

LE MONDE DES CHIFFRES

André et Jean-Christophe Deledicq

circonflexe

ISBN 2-87833-173-7

Imprimé en CEE
par Partenaires Fabrication
Dépôt légal : juin 1997
Loi n° 49-956 du 16 juillet 1949
sur les publications destinées à la jeunesse

A l'origine...

Les chiffres et les lettres ont une longue histoire commune. Elle a commencé dès que les hommes eurent l'idée de l'écriture. Ils inventèrent alors des signes pour écrire les mots et des signes pour écrire les nombres.

je t'aime

Les mots sont écrits avec des lettres

365

Les nombres sont écrits avec des chiffres

Notre manière d'écrire aujourd'hui le nombre 365 est le résultat d'une grande aventure, commencée il y a presque 5 000 ans.

Voici ce qu'aurait pu être alors une écriture de ce nombre :

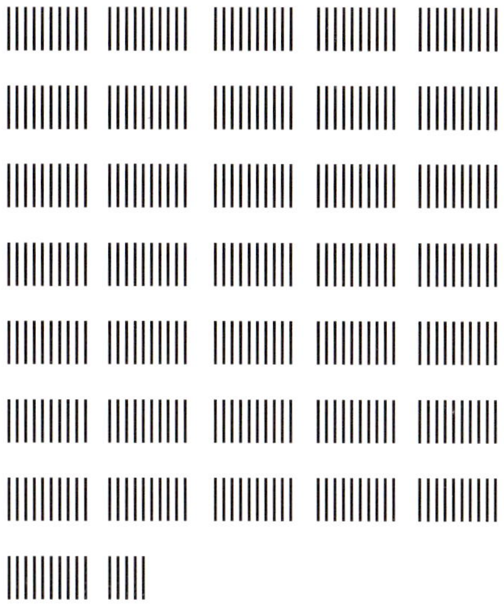

Des bâtons ou des doigts aux groupes de dix, des groupes de groupes au système décimal et aux autres bases de numération, l'histoire des chiffres est déjà longue et présente bien des aspects.

En outre, de la même façon que “Lettres” ou “Belles Lettres” désignent bien autre chose que de simples “lettres”, on emploie souvent le mot “chiffre” pour celui de “nombre”, par exemple dans l'expression “le chiffre des naissances”. Ainsi en est-il des plus simples (2, 3, 5, 7, 12...) aux plus grands d'entre eux, en passant par quelques nombres particuliers (tels π, le nombre d'or...).

Car les chiffres et les nombres sont partout dans notre monde. Ils y apportent à la fois le mystère de leurs propriétés, la précision de leurs calculs et la puissance de leur écriture...

PREMIER ÉPISODE

Une unité = un signe

Tout au début de son histoire, l'homme "comptait" avec des cailloux. Ainsi, pour se souvenir du nombre de bisons tués par le clan, le chasseur gardait un ensemble de cailloux et disait : "Voilà, on a tué autant de bisons que ces cailloux."

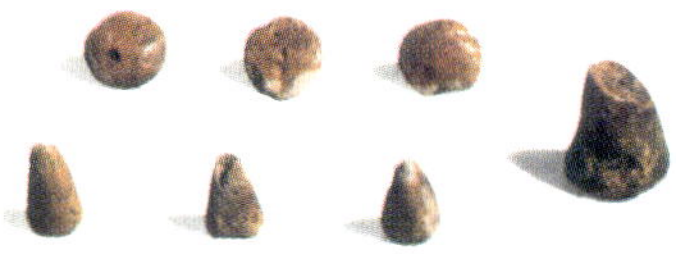

Le mot "calcul" vient du latin calculus, qui signifie caillou; le caillou fut le premier outil de calcul !

En Assyrie, on a retrouvé de grosses pierres marquant l'entrée d'un enclos; ces pierres étaient creusées pour recevoir les cailloux servant à dénombrer le bétail.

Un peu plus tard, on eut l'idée de remplacer les cailloux par des entailles sur un os.

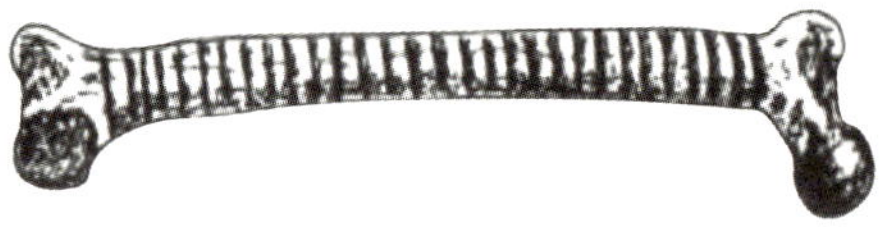

Bien plus tard encore, l'historien grec Hérodote racontait comment Darius avait, quatre siècles avant J.-C., bâti le grand empire perse.

Pour organiser leurs conquêtes, ses alliés et lui devaient être d'accord sur le décompte des jours.

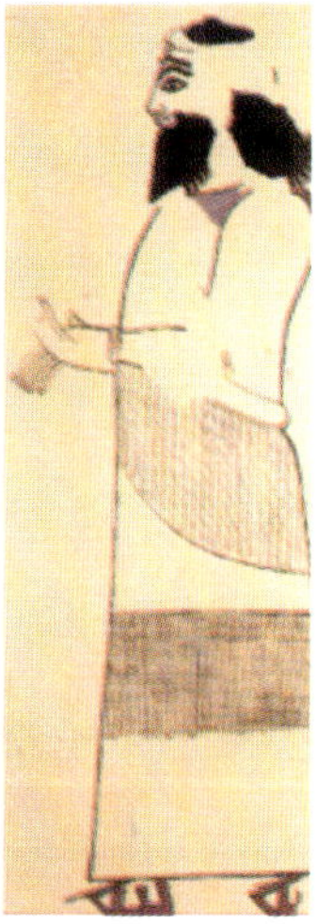

Voici ce qu'il leur dit en leur donnant une corde sur laquelle il avait fait un certain nombre de nœuds : "Prenez cette corde et suivez mes instructions : dès que je serai rentré en Scythie, dénouez chaque jour l'un de ces nœuds. Et si je ne suis pas de retour lorsque tous les nœuds auront été défaits, embarquez-vous..."

Le premier chiffre de l'histoire du calcul a pu être un doigt, un caillou, un nœud, un trait ou toute autre chose...

Ce chiffre unique était un symbole représentant le nombre "un", l'unité.

Et un nombre était tout simplement représenté en plaçant ou en dessinant, l'une à côté de l'autre, autant d'unités qu'il le fallait.

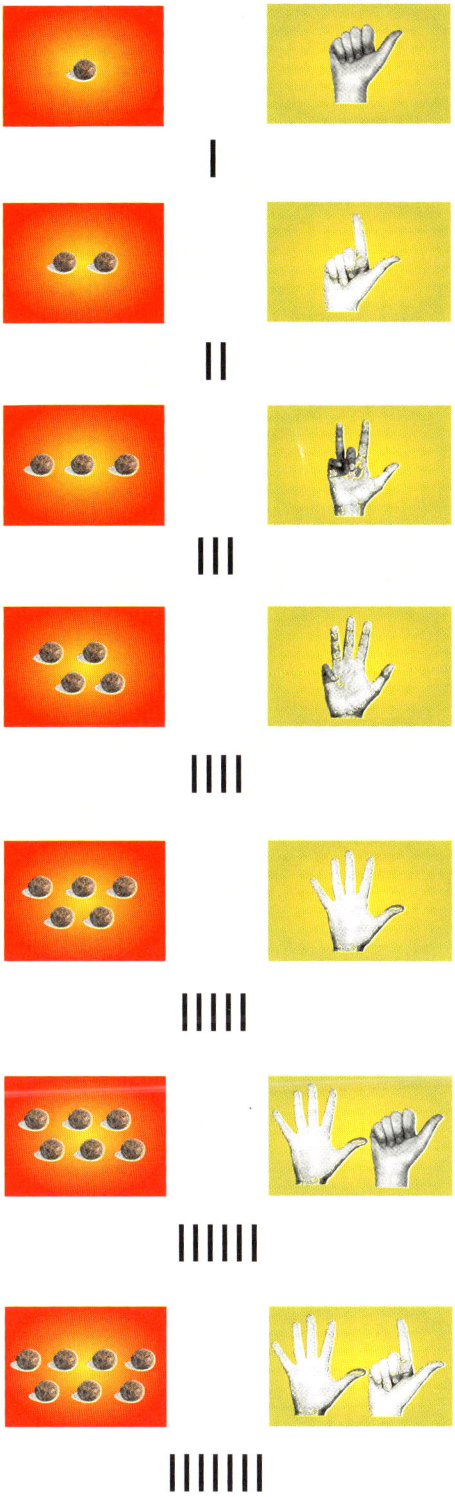

Des chiffres variés : cailloux / mains / traits

Mais tous ces objets n'étaient pas très pratiques, et les traits eux-mêmes n'étaient pas beaucoup plus commodes. Comment travailler avec ces nombres, c'est-à-dire les ajouter, les soustraire, les multiplier ou les diviser ?

C'est pour cela que l'homme inventa les chiffres, le zéro et la numération de position. Finalement... c'est peut-être pour ne pas se fatiguer que les hommes ont inventé les chiffres.

DEUXIÈME ÉPISODE

L'idée du groupement

Dessiner un signe pour chaque unité s'avère vite fastidieux. Essayons d'imaginer comment a pu germer la première idée utile dans l'histoire de la numération...

Dans une très ancienne tribu de chasseurs, l'un des hommes n'aimait ni se battre, ni chasser. Le chef du clan l'envoyait compter les troupeaux de bisons proches du village.

"J'ai vu passer une douzaine de bisons... et j'ai essayé de les compter sur mes doigts; arrivé au dernier doigt, j'ai avancé mon pied droit en repliant mes doigts, puis j'ai levé deux autres doigts. Mais, dans cette position, je ne pouvais plus bouger !

"Aussi, j'ai fait douze marques sur un bout de bois.

||||||||||||

"C'est alors que j'ai vu passer onze autres bisons...

|||||||||||| |||||||||||

12 + 11

"Je n'avais plus de place sur le bâton ! Alors, j'ai eu l'idée de faire un trait horizontal pour un groupe de dix bisons, et sur un nouveau bâton j'ai dessiné ceci :

— — |||

23

à la place de cela :

|||||||||| |||||||||| |||

Le chef de clan était très satisfait :

"Bravo, dit-il, avec seulement deux symboles, il t'a suffi de cinq signes alors qu'il te fallait vingt-trois signes avec un seul symbole !"

"Oui, répondit l'homme, ça a été plus rapide à graver, mais je crois qu'il s'y cache bien d'autres avantages."

Et c'était vrai, car cette idée de groupement fut très utile à de grandes civilisations : celles des Babyloniens, des Egyptiens, des Grecs, des Romains...

TROISIÈME ÉPISODE

Les groupes de groupes

Bien après l'invention des "groupements", alors que les hommes avaient diversifié leurs activités, bergers, pêcheurs, agriculteurs et commerçants échangeaient leurs produits contre de la monnaie.

Les "scribes" notaient ces échanges commerciaux sur des tablettes.

"Tu as |||||| moutons, dit l'un, et chaque mouton vaut = |||. Voilà ce que valent tous ces moutons."

= |||
= |||
= |||
= |||
= |||
= |||

Pour représenter le résultat 6 x 23, le scribe représentait six fois le nombre "23".

Puis il se mit à simplifier son écriture comme il savait le faire : dix traits verticaux pouvaient être remplacés par un trait horizontal :

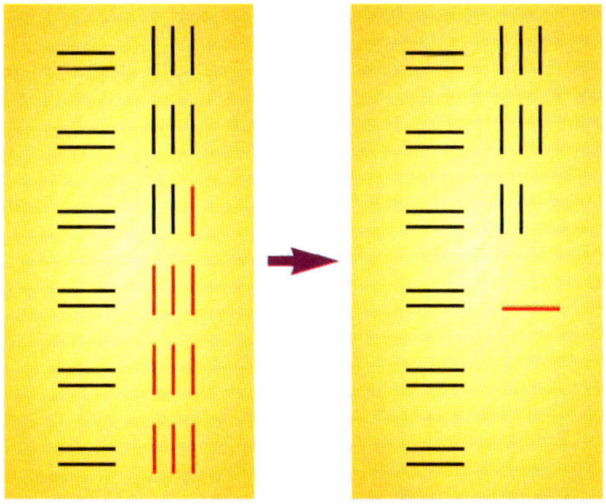

“Mais pourquoi, se dit-il soudain, je ne fais pas pour les traits verticaux ce que je fais pour les traits horizontaux ? Je n'ai qu'à choisir un signe pour dix traits horizontaux : le signe + par exemple”.

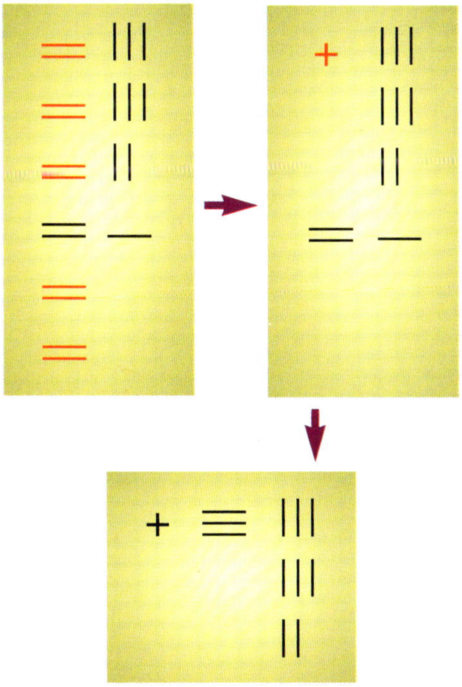

Aujourd’hui, nous écririons : 138

“Et après, je pourrais faire aussi pour les + ce que j'ai fait pour les traits verticaux et les traits horizontaux...”

Ainsi naquit une première génération de chiffres : chacun d'eux représentait un “groupement”. Un nombre représentait la somme des valeurs de tous les chiffres.

Les chiffres du Nil

Toutes les civilisations avant notre ère ont une numération de type additif : l’unité et quelques groupes d’unités (cinq, dix, cent, mille...) sont représentés par des signes; et pour lire un nombre, on additionne les signes représentés.

Ainsi, on a retrouvé près de Memphis, en Egypte du Sud, une stèle datant de plus de 3 000 ans avant J.-C. On y reconnaît l'écriture de deux nombres qui précisent peut-être l'effectif d'un troupeau de canards.

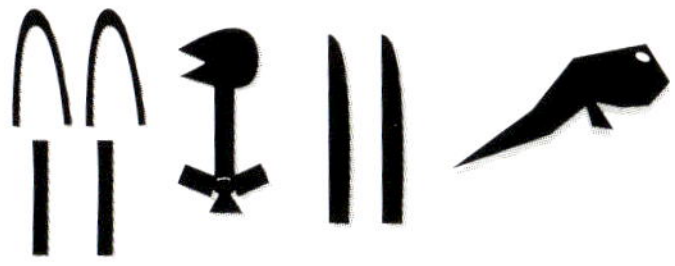

Voici les chiffres égyptiens :

- un bâton pour une unité
- une anse de panier pour une dizaine
- une spirale pour une centaine
- une fleur de lotus pour un millier
- un index levé pour une dizaine de milliers
- un têtard pour une centaine de milliers

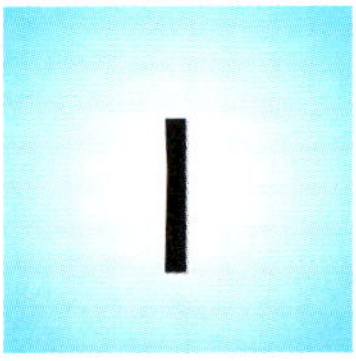

1 unité

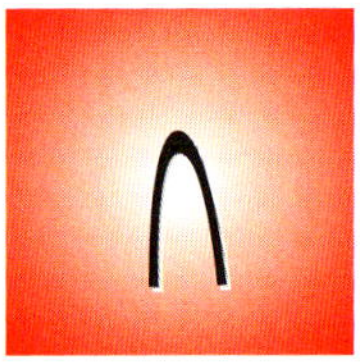

1 dizaine

1 centaine

1 millier

1 dizaine de milliers

1 centaine de milliers

Le génie agenouillé et levant les bras au ciel représente 1 million, et aussi la multitude et l'éternité.

Pour lire un nombre, on fait la somme de tous ses chiffres. Par exemple, pour 20, on écrit 10 + 10, soit :

Et tous les nombres entiers de 1 à plus d'1 million pouvaient ainsi être écrits.

L'œil d'Horus

Pour mesurer les fractions de capacités (céréales, liquides...), les Egyptiens utilisaient les différentes parties de l'œil du dieu Horus (le dieu à tête de faucon).

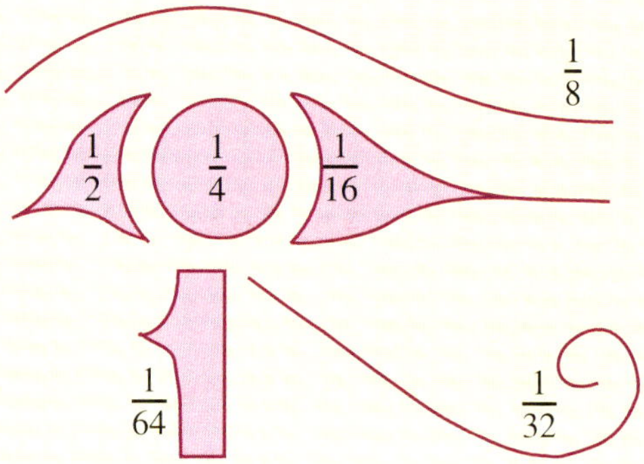

Les chiffres grecs

Les Grecs, comme les Egyptiens, employaient une numération additive.

Ainsi, quelques siècles avant J.-C., autour d'Athènes, ils avaient inventé les ancêtres des chiffres romains.

Des nombres comme 121 ou 1023 étaient assez faciles à écrire.

HΔΔI

XΔΔIII

I	Γ
1	5 penta
Δ	H
10 deka	100 hekaton
X	M
1 000 kilo	10 000 myria

Mais l'écriture de 1998 était plutôt fastidieuse :

XHHHHHHHHHΔΔ
ΔΔΔΔΔΔΔΓIII

1998

Alors, comme le firent plus tard les Romains, les Grecs pensèrent à introduire de nouveaux signes pour les nombres intermédiaires : en plus du cinq, cinquante, cinq cents, cinq mille...

X𐅅HHHH𐅄ΔΔΔΔΓIII

1998
écrit de manière "simplifiée"

Remarquons que cette notation simplifiée utilise une multiplication : cinquante s'écrit ici comme la multiplication de 5 par 10 :

5 = Γ   10 = Δ   50 = 𐅄

Les chiffres romains

Les chiffres romains sont encore utilisés parfois de nos jours.

Comme chez les Grecs, les groupes de 5, 10, 50, 100, 500 et 1000 y sont représentés par une lettre particulière.

Un nombre s'écrit par juxtaposition de signes, leurs valeurs s'ajoutant les unes aux autres.

Et pour faciliter la lecture, les chiffres des groupes les plus gros sont écrits les premiers.

I	II	III
1	2	3
V	VIII	X
5	8	10
XII	XV	XX
12	15	20
XXVI	L	C
26	50	100
D	M / ↀ	
500	1 000	

CCCCXXI

421

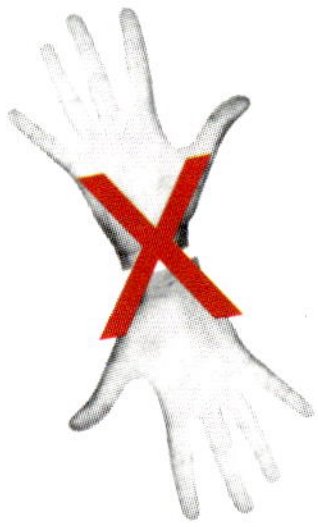

Le signe V vient de la forme de la main; et le signe X de deux mains réunies. C est l'initiale de *centum* en latin, de même que M est l'initiale de *milia*. Mille, se notant Φ (phi) en grec, s'écrivait aussi ↀ ; et la "moitié" de ce dessin a représenté la moitié de mille en devenant D (= 500).

Enfin, une petite amélioration permettait de raccourcir l'écriture de certains nombres : si un chiffre précédait un chiffre plus gros (au lieu de le suivre), on devait en soustraire la valeur (au lieu de l'ajouter) :

IIII = IV	XI
4	**10 + 1 = 11**
IX	IIL
10 - 1 = 9	**50 - 2 = 48**
DIIIC	CDXXI
597	**421**

Malgré l'introduction de la soustraction, ce système de numération romain est encore très rudimentaire : la multiplication n'y est pas notée. Ainsi, dans CCC, on lit "cent + cent + cent" et non "trois fois cent".

QUATRIÈME ÉPISODE

L'idée de position

En donnant une signification différente aux signes, l'exploration du monde des chiffres va connaître par la suite une étape décisive.

Comme on l'a vu, les chiffres peuvent s'écrire jusque-là de plusieurs façons, le seul principe à appliquer étant celui de l'addition.

 en égyptien signifie vingt-trois, mais il en va de même, par exemple, pour :  et 

Toutefois, la lecture est bien plus facile si les signes semblables sont regroupés : 

se lit moins bien que

Alors pourquoi ne pas réfléchir sur la disposition, voire la position, des signes sur le papyrus, le vélin ou le parchemin ?

Cette idée n'est pas évidente car elle oblige, au départ, à **choisir un symbole différent pour chaque chiffre de 1 à 9.**

Le premier et meilleur exemple est celui de la numération chinoise traditionnelle.

一	二
1	2
三	四
3	4
五	六
5	6
七	八
7	8
九	十
9	10

et les quatre groupes suivants :

百	千
cent	**mille**
萬	億
dix mille	**cent mille**

Ainsi il est facile de compter jusqu'à 99 999.

12 = 一十二 (soit 1 x 10 + 2)

365 = 三百六十五

(soit 3 x 100 + 6 x 10 + 5)

1997 = 一千九百九十七

(soit 1 x 1 000 + 9 x 100 + 9 x 10 + 7)

Non seulement cette manière d'écrire s'avère plus économique, mais elle suggère une idée supplémentaire : à force d'écrire le signe des milliers 千, puis celui des centaines 百, puis celui des dizaines 十 , puis les unités, on finit par penser que l'on pourrait ne pas les écrire. En effet, cela n'empêche pas de lire le nombre :

一 九 九 七

1 9 9 7

Ainsi la position d'un chiffre prend une importance essentielle; car cette position indique le facteur par lequel ce chiffre doit être multiplié (successivement, un, dix, cent, mille...).

Et le même ensemble de symboles, disposés différemment, ne représente pas le même nombre :

七 九 一 九

7 9 1 9

Est-ce cette écriture qui a donné aux Chinois l'idée du boulier ou l'inverse ? Nous ne le saurons peut-être jamais...

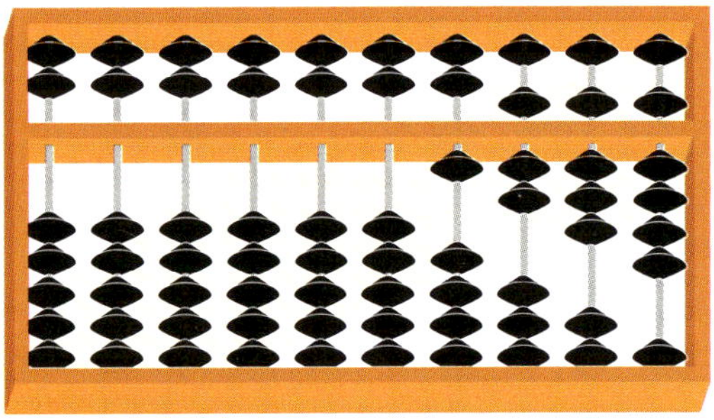

On ramène les billes vers la barre centrale ; celles du haut comptent pour 5, celles du bas pour 1.

On reconnaît ici le nombre 1789

Toujours est-il que, sur un boulier, la barre la plus à droite représente les unités, celle qui est à sa gauche les dizaines, puis les centaines...

Exactement comme si le nombre était "écrit" en utilisant les chiffres suivants :

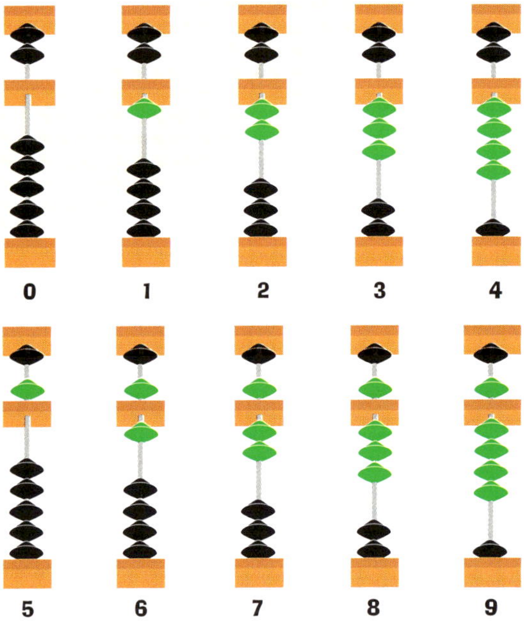

Le boulier a aussi l'avantage de matérialiser une idée très astucieuse concernant la numération : celle du "zéro" correspondant à une barre "vide", sur laquelle on n'a déplacé aucune boule.

Les Chinois n'écrivaient pas de gauche à droite mais de haut en bas, de sorte que leurs nombres étaient écrits, en réalité, comme ceci :

一
萬
五
千
七
百
二

On reconnaît ici le nombre 15 702

CINQUIÈME ÉPISODE

L'idée du zéro

Pour "voir" une absence, se dirent un jour les sages de l'Orient et de l'Inde, il faut la marquer par un signe. Le signe le plus simple n'est-il pas un point, plus ou moins gros ?

Ce petit "zéro" marquera l'absence d'une unité, d'un groupe ou d'un groupe de groupes.

Alors on ne pourra plus confondre :

二七

vingt-sept

二○七

deux cent sept

二七○

deux cent soixante-dix

A trente kilomètres au sud de New Delhi, sur un petit temple situé à Galior, une inscription fut gravée en l'an 933. Elle évoque la donation d'un bienfaiteur qui lègue un champ aux prêtres du temple voisin.

Ce champ mesure 270 unités de long et 187 de large. Sur la reproduction qui suit, on peut distinguer les groupes qui indiquent la date, la longueur et la largeur du champ :

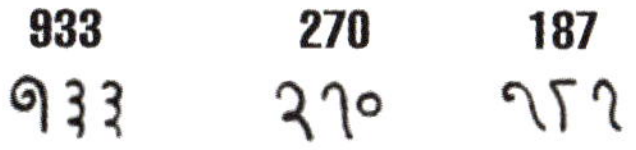

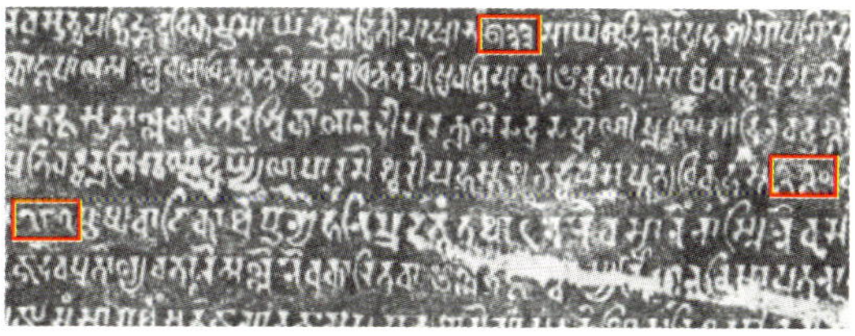

Telle est la première inscription connue où un "zéro" apparaît clairement.

Pourtant on sait, par d'autres textes, que le zéro était connu depuis 400 ou 500 ans déjà, mais on n'en a retrouvé aucune trace écrite.

Le zéro fut donc d'abord un signe marquant le vide dans une colonne, l'absence d'une certaine puissance de dix.

Ainsi, lorsque l'on écrit aujourd'hui 207, on peut penser que ces signes sont écrits dans un tableau comme celui-ci :

Mais, quand on traduit cette écriture par des opérations, on est amené à écrire :

2 x 100 + 0 x 10 + 7 x 1

2 centaines, pas de dizaines, 7 unités

On voit alors que 0 intervient dans une opération comme un véritable nombre. Et finalement, le "zéro" deviendra un nombre comme les autres; il aura simplement un drôle de comportement avec les opérations :

0 + 17 = 17
0 + un nombre = ce nombre

0 x 17 = 0
0 x un nombre = 0

Les chiffres arabes

A partir de l'Orient, ce sont les Arabes qui, du Xᵉ au XIVᵉ siècle, diffusèrent cette nouvelle technique d'écriture intégrant le "zéro". Et peu à peu, la forme des chiffres s'est rapprochée de celle d'aujourd'hui.

Cependant elle fut parfois assez fantaisiste. En voici un exemple ci-contre extrait d'un alphabet du philosophe Robert Fludd, contemporain de Descartes.

Chiffres fantaisistes

À partir de la forme des chiffres venus de l'Inde…

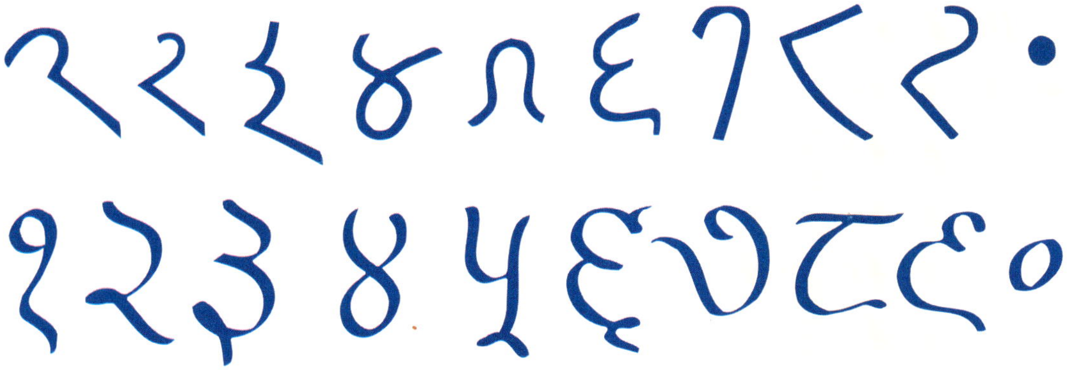

… celle des chiffres "arabes" s'est européanisée vers le XVᵉ siècle.

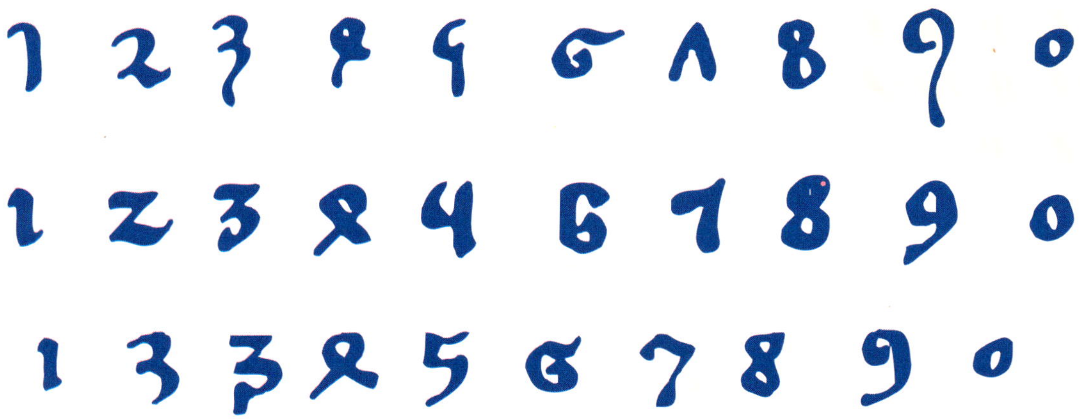

SIXIÈME ÉPISODE

Notre système de numération

La mise au point de notre système d'écriture des nombres aura finalement exigé quelques milliers d'années. Et c'est au début du Moyen Age, par l'Italie et l'Espagne musulmane, que **la numération décimale de position** pénétra en Europe.

Rappelons les idées essentielles de ce système de numération qui est devenu le nôtre :

- une base de numération (dix, dans notre cas) fixe le nombre des chiffres nécessaires;

- le nombre représenté par chacun de ces chiffres dépend de sa position : le plus à droite désigne les unités; et les autres chiffres représentent les "puissances" successives de la base (dix, cent, mille...);

1789 =
1 x 1 000 + 7 x 100 + 8 x 10 + 9 x 1

- l'absence d'une puissance de dix est marquée par le chiffre zéro.

304 =
3 x 100 + 0 x 10 + 4 x 1

Ainsi chaque chiffre représente-t-il dix fois moins que celui qui est écrit à sa gauche. Dans "55" par exemple, le "5" représente dix fois moins (cinq unités) que le "5" en gris écrit à sa gauche (cinq dizaines).

Et cette règle vaut aussi, après la virgule, lorsque l'on écrit des nombres "décimaux" :

$$365{,}25 = 3 \times 100 + 6 \times 10 + 5 \times 1 + 2 \times \frac{1}{10} + 5 \times \frac{1}{100}$$

La lecture des nombres est plus facile pour les Arabes

Soit le nombre : 743218639
Les Arabes le lisent dans leur sens habituel de lecture : 9 unités, 3 dizaines, 6 centaines...
Alors que nous-mêmes sommes obligés de compter le nombre des chiffres jusqu'aux unités puis de revenir en arrière pour reconnaître la place des milliers, des millions, des dizaines et centaines de millions et lire "sept cent quarante-trois millions..."

En fait, lorsqu'ils adoptèrent cette manière d'écrire, les utilisateurs de ce système n'ont pas voulu inverser le sens arabe de l'écriture.

Cette difficulté explique l'habitude que nous avons prise de séparer les tranches de trois chiffres :

743	**218**	**639**
millions	**milliers**	**unités**

SEPTIÈME ÉPISODE

Les opérations

L'avantage principal de notre système d'écriture réside dans la facilité des opérations. En Europe, le premier livre expliquant clairement la manière d'opérer est dû à un ingénieur flamand, Simon Stevin. En 1585, il fit paraître un petit ouvrage dont le titre complet décrit bien l'objectif :

"La Disme,
enseignant facilement (...) tous comptes se rencontrant aux affaires des hommes,
aux astrologues, arpenteurs, mesureurs de tapisserie, gavieurs, stéréométriens en général, maistres de monnaye et à tous marchands".

Il y enseigne comment bien poser les opérations, comme nous le faisons encore aujourd'hui, pour additionner, soustraire, multiplier ou diviser les nombres décimaux.

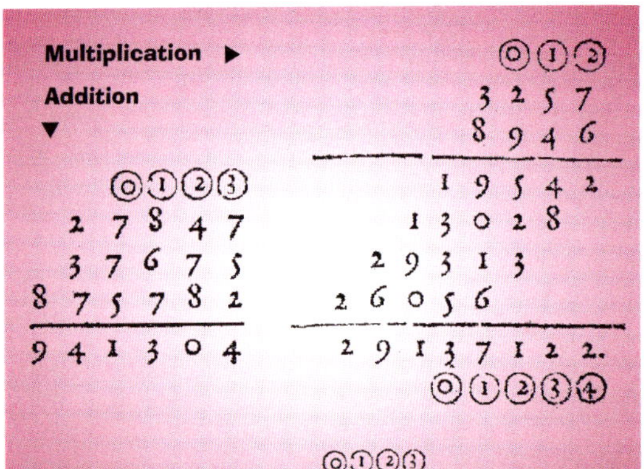

Simon Stevin écrivait 2 7 8 4 7 pour le nombre décimal que nous écrivons aujourd'hui 27,847.

Mais Stevin n'avait rien inventé : il reprenait un "algorithme" déjà connu des civilisations musulmanes.

A titre d'exemple, voici comment a pu évoluer la technique de multiplication depuis le XIIe siècle.

Pour mieux la comprendre, il est préférable de remonter dans le temps...

Voici comment nous disposons aujourd'hui l'opération pour multiplier 534 par 342, en commençant par le chiffre des unités de 342.

```
      5 3 4
      3 4 2
    -------
    1 0 6 8
  2 1 3 6
1 6 0 2
-----------
1 8 2 6 2 8
```

Au Moyen Age, au lieu de décaler pour additionner en colonnes, on écrivait dans un rectangle en additionnant en diagonale.

```
  5 3 4
┌─────────┐
│1 0 6 8  │ 2
│2 1 3 6  │ 4
│1 6 0 2  │ 3
└─────────┘
1 8 2 6 2 8
```

Au lieu d'effectuer la retenue en tête, on la marquait dans la demi-case inférieure.

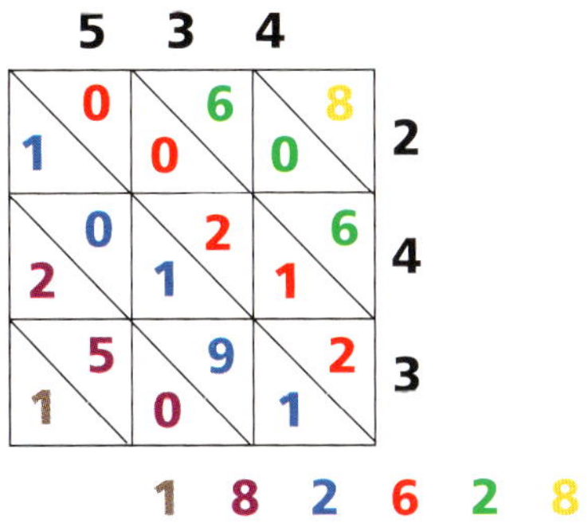

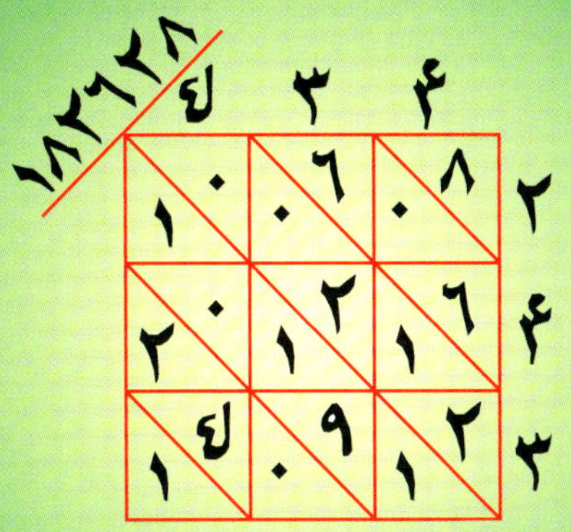

Multiplication de 534 par 342
d'après un traité arabe

Quant à la technique écrite de division, elle reste aujourd'hui assez délicate, à l'image de ce manuscrit du XVIe siècle.

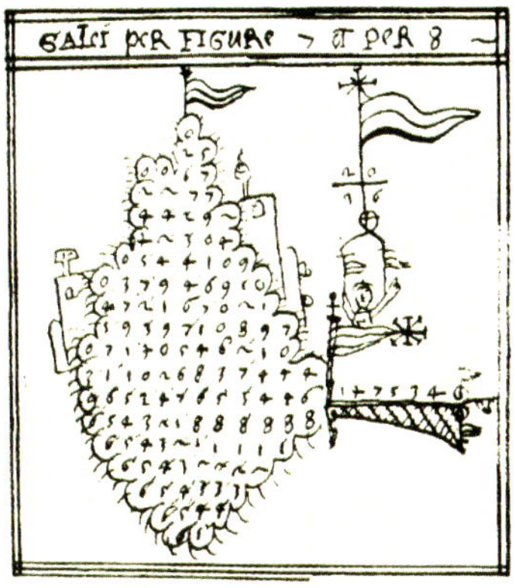

Finalement, heureusement que nous avons les calculatrices...

D'AUTRES BASES DE NUMÉRATION

La mesure du temps

Le système de numération à base dix est de loin le plus utilisé car c'est certainement le plus pratique. Cependant, certaines civilisations se sont servies des bases vingt ou soixante...

Il nous arrive, aujourd'hui encore, de devoir faire des calculs en base soixante :

"Le TGV est parti de Paris à 9 h 51 min. 37 sec. et le trajet a duré 3 h 18 min. 50 sec. A quelle heure est-il arrivé ?"

L'addition se pose comme pour les nombres écrits dans le système décimal; mais il n'y a de "retenue" que lorsque le nombre d'unités atteint soixante.

9 h	**51** min	**37** sec
3 h	**18** min	**50** sec
	1 min	**27** sec
1 h	**9** min	
12 h		
13 h	**10** min	**27** sec

Le TGV est arrivé à 13 h 10 min. 27 sec.

Combien dure un trajet deux fois plus long ?

3 h **18** min **50** sec
x **2**

---

1 min **40** sec
36 min
6 h

---

6 h **37** min **40** sec

Résultat 6 h 37 min. 40 sec.

Les inventeurs de ce système à base 60 étaient les habitants des très riches vallées du Tigre et de l'Euphrate, en Mésopotamie.

Trois millénaires avant J.-C., ces Sumériens écrivaient sur de l'argile avec une tige de roseau appelée calame.

En l'enfonçant dans l'argile, ils traçaient des marques en forme de ronds ou de demi-ovales.

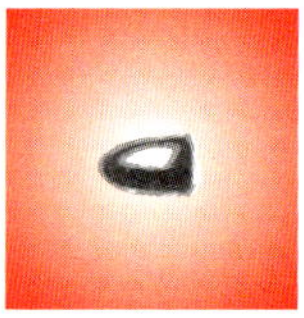
1

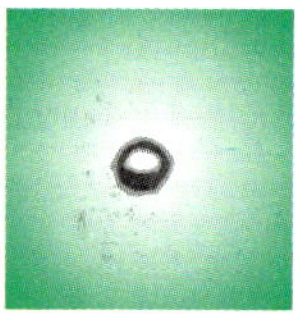
10

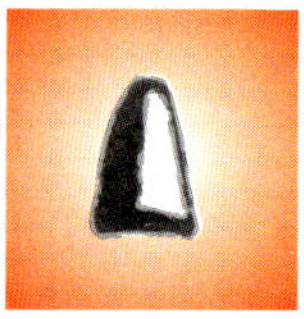
60

600

3 600

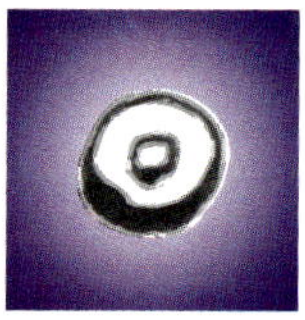
36 000

Voici le nombre 164 571 inscrit sur une tablette trouvée à Shiruppak :

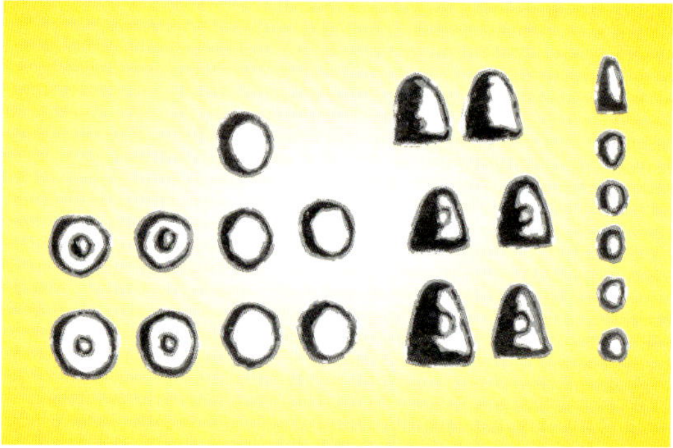

Vers le deuxième millénaire avant J.-C., les Babyloniens utilisaient encore des roseaux et des tablettes. Mais ils avaient appointé leur roseau-calame de manière à laisser des marques en forme de coin ("cuneus" en latin), et c'est pourquoi les signes obtenus sont dits "cunéiformes".

Voici quels étaient leurs chiffres :

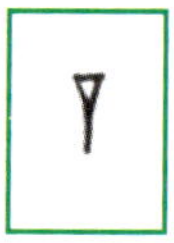
1

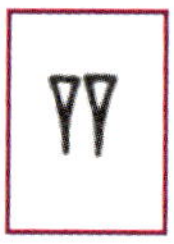
2

3

4

5

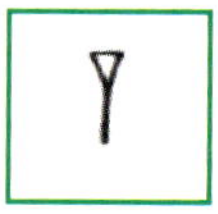
1 ou 60 ou 3600

10

60

Les Babyloniens avaient compris le système de numération de position : ils n'utilisaient que les chiffres  et 

Et ils calculaient en base "60", de sorte que le signe  pouvait représenter aussi bien "1" que "60" ou "3 600".

Ainsi 72 s'écrivait : 
c'est-à-dire 60 + 12.

et 4 000 : 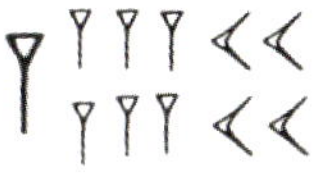
c'est-à-dire 3600 + 6 x 60 + 4 x 10

Mais les Babyloniens ne connaissaient pas le zéro. Aussi, pour distinguer (72) de (3612), ils décalaient légèrement à gauche le chiffre représentant 3600; ou bien ils l'écrivaient plus gros. Cependant, le plus souvent, c'est le sujet traité qui permettait de deviner de quel nombre il s'agissait.

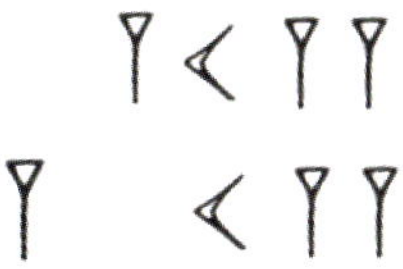
72
3612

Chez les Mayas

Les Mayas racontaient l'histoire de leur peuple en gravant de magnifiques signes sur des temples ou des stèles. Dans la province aujourd'hui mexicaine du Yucatan, on a ainsi retrouvé de nombreuses dates inscrites de la sorte.

Le système de numération en vigueur était en effet lié au calendrier. Les Mayas distinguaient cinq périodes principales :

- un jour noté  **1**
- un mois de vingt jours  **20**
- une année de 360 jours  **360**
- une génération de 7 200 jours  **7 200**
- un tétrasiècle de 144 000 jours  **144 000**

Pour aller plus vite, certains graveurs étaient spécialisés dans ces signes et gravaient les dates en écrivant les signes 1, 20, 360, 7 200 à l'avance.

D'autres ensuite, en fonction de la date, complétaient ces sculptures toutes prêtes en gravant les multiples qui manquaient.

Que se passait-il, par exemple, lorsqu'un graveur voulait écrire 15 740 ? Son collègue avait déjà préparé le travail :

7 200 **360** **20**

Il n'avait plus qu'à graver les chiffres ici en bleu :

chiffre "2" **chiffre "3"** **chiffre "13"**

puisque
15 740 = 2 x 7 200 + 3 x 360 + 13 x 20

Sur cette stèle, on lit le nombre :
9 x 144 000 + 17 x 7 200 + 0 x 360 + 0 x 20 + 0 x 1 = 1 418 400

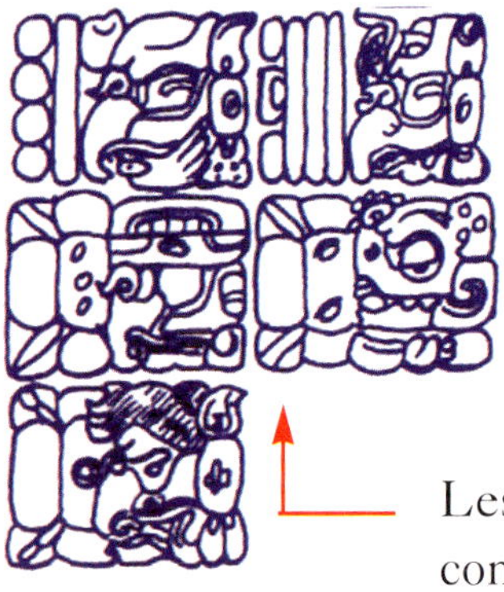

Les Mayas connaissaient le "zéro" dont voici le signe.

Voici les dix-neuf chiffres du système des Mayas, selon qu'ils étaient écrits verticalement ou horizontalement :

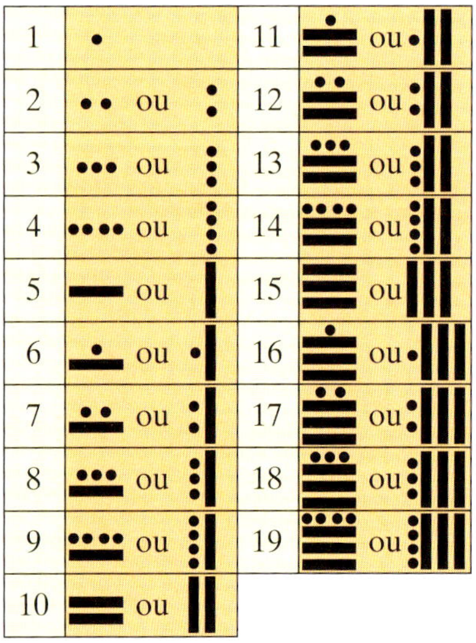

En fait, les chiffres "18" et "19" n'étaient jamais utilisés en troisième position puisque l'année n'était pas évaluée à 400 jours (20 x 20) mais à 360.

Les ordinateurs et la base "deux"

La numération la plus économe en chiffres est celle qui utilise la base deux : c'est le système binaire.

Pour écrire un nombre en base deux, on le décompose en une somme de puissances de deux :
1, 2, 4, 8, 16, 32, 64, 128, 256....

Par exemple, le nombre 52 :

52 = 32 + 16 + 4 =
32 x 1 + 16 x 1 + 8 x 0 + 4 x 1 + 2 x 0 + 1 x 0

En base deux, 52 s'écrit donc :
1 1 0 1 0 0

$$365 = 256 + 64 + 32 + 8 + 4 + 1 =$$

$$256 \times 1 + 128 \times 0 + 64 \times 1 + 32 \times 1 + 16 \times 0 + 8 \times 1 + 4 \times 1 + 2 \times 0 + 1 \times 1$$

En base deux, 365 s'écrit donc :

1 0 1 1 0 1 1 0 1

Les seuls chiffres 0 et 1 suffisent donc pour écrire n'importe quel nombre. Le seul inconvénient est que les nombres écrits ainsi sont plutôt longs : un million, par exemple, réclame 7 chiffres dans notre système décimal; il en réclame 20 dans le système binaire !

Mais son grand avantage est que les chiffres "0" et "1" peuvent être associés à une alternative : oui/non, blanc/noir, absence/présence, ça passe/ça ne passe pas...

Et c'est selon ce principe que fonctionne un ordinateur, quelle que soit son activité.

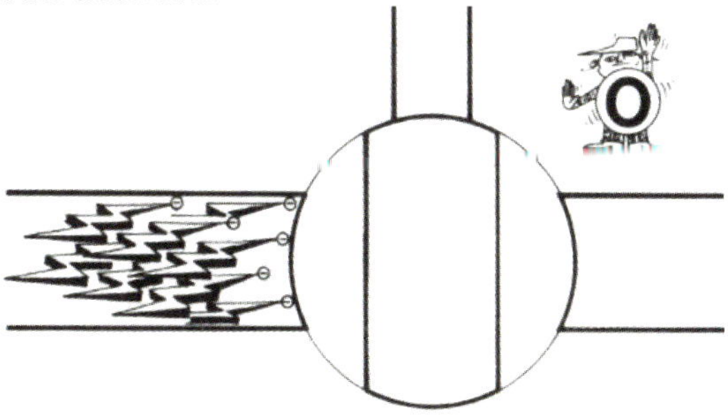

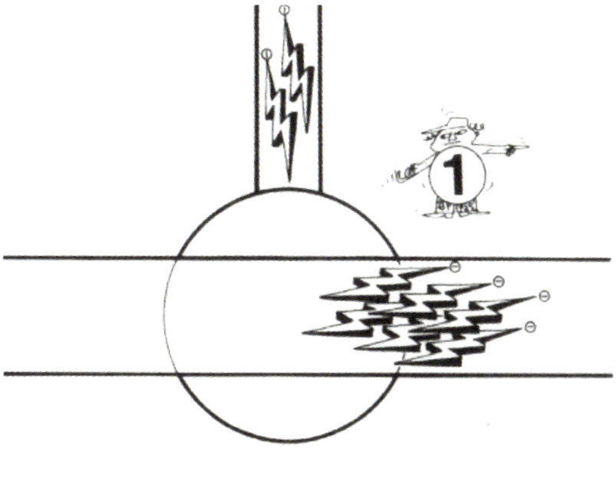

Car un ordinateur ne fait pas que compter; il traite aussi les textes et les images. Pour cela, il utilise des codes particuliers, mais en ne se servant toujours que des deux seuls chiffres 0 et 1.

Par exemple, la lettre A est d'abord codée 65 sur le mode décimal avant d'être convertie en système binaire sous la forme 01000001. De même la lettre B "66", etc.

Ainsi BRAVO s'écrit : 01000010 01010010 01000001 01010110 01001111

Ce code est connu des informaticiens sous le nom d'ASCII. Pour le codage d'une image, l'ordinateur "lit" comme nous, en traduisant les points noirs par 0 et les points éclairés par 1.

Chaque ligne est codée successivement :

L'image de ce losange est donc codée par 64 chiffres :

00000000 00001000 00011100 00111110 01111111 00111110 00011100 00001000

CHIFFRES, LETTRES ET NOMBRES

Les nombres écrits en lettres

Comme nous l'avons vu, le système décimal que nous utilisons aujourd'hui ne nécessite que dix signes (0, 1, 2, 3, 4, 5, 6, 7, 8 et 9). Avec ces chiffres on peut écrire tous les nombres entiers et décimaux.

Cependant, pour prononcer et écrire, avec des lettres cette fois, tous les nombres, il faut 26 mots : zéro, un, deux, trois, quatre, cinq, six, sept, huit, neuf, dix, onze, douze, treize, quatorze, quinze, seize, vingt, trente, quarante, cinquante, soixante, cent, mille, million, milliard.

L'orthographe des nombres écrits en lettres

Les règles d'usage du trait d'union et de la conjonction "et" sont souvent mal connues !

Normalement, la conjonction "et" ne s'emploie que pour joindre "un" aux dizaines :

trente et un
cent quarante et un
et dans le nombre "soixante et onze"

On dit donc, sans la conjonction :
quatre-vingt-onze
cent un
vingt-trois

On dit de même, par juxtaposition, "mille un" (1 001) et "mille cent" (1 100); mais on emploie poétiquement la coordination dans les "Mille et Une Nuits" ou dans "mille et cent".

Le trait d'union

Dans les noms de nombres composés, le trait d'union lie les éléments qui sont l'un et l'autre inférieurs à cent, sauf si ces éléments sont joints par la conjonction "et", qui remplace alors le trait d'union.

On écrit ainsi : dix-huit, soixante-dix-neuf, dix-neuf mille trois cent vingt-sept. Mais : vingt et un, cent deux, douze cents...

L'accord

Le nom du nombre "mille" (1 000) est invariable. Il ne prend donc pas d'*s* au pluriel. On écrit : cinq mille, trois cent mille...

En revanche "million" et "milliard" prennent l'*s* au pluriel. Car il ne s'agit pas exactement de noms de nombres, mais de vrais noms : "million" tout seul ne veut rien dire, et l'on dit "un million, deux millions, trois millions quatre cent mille..."

"Vingt" et "cent" suivent une règle très particulière : ils ne prennent l'*s* du pluriel que lorsqu'ils terminent l'énoncé d'un nombre, ou s'ils sont suivis de "millions" ou "milliards".

Exemples :

quatre-vingts / quatre-vingt-trois
cinq cents / cinq cent un
six cents / six cent vingt
trois cents / trois cent dix-huit
trois cents millions / trois cent mille

"Un" est le seul nombre prenant la marque du féminin :

trente et un francs
vingt et une pages

Tous les autres noms des nombres sont invariables. Et "un", "vingt", "cent" et "mille" sont eux-mêmes invariables dans toute autre circonstance que celles signalées.

Ainsi écrit-on :

les quatre jeudis
les vingt pages
les quatre cents coups
les quatre-vingts ans
les mille cent choses

Des lettres pour des chiffres

Dans certaines civilisations, c'est l'initiale du nom du chiffre qui a été utilisée pour sa représentation — chez les Romains, par exemple. Ailleurs, on s'est servi de la totalité de l'alphabet.

Ainsi, à l'époque d'Archimède, le système additif des Grecs comprenait 27 lettres, permettant de compter jusqu'à 999.

Unités			
Α	α	alpha	1
Β	β	bêta	2
Γ	γ	gamma	3
Δ	δ	delta	4
Ε	ε	epsilon	5
Ϛ	ϛ	digamma	6
Ζ	ζ	dzêta	7
Η	η	êta	8
Θ	θ	thêta	9
Dizaines			
Ι	ι	iota	10
Κ	κ	kappa	20
Λ	λ	lambda	30
Μ	μ	mu	40
Ν	ν	nu	50
Ξ	ξ	ksi	60
Ο	ο	omicron	70
Π	π	pi	80
Ϙ	ϙ	koppa	90
Centaines			
Ρ	ρ	rô	100
Σ	σ	sigma	200
Τ	τ	tau	300
Υ	υ	upsilon	400
Φ	φ	phi	500
Χ	χ	khi	600
Ψ	ψ	psi	700
Ω	ω	oméga	800
Ͳ	ϡ	san	900

De cette façon, les mots eux-mêmes pouvaient se lire comme des nombres. C'est ce qui a donné naissance à une interprétation chiffrée des textes, sous le nom de "numérologie". Par exemple, Jésus s'écrit en grec :

ΙΗΣΟΥΣ

soit 10 + 8 + 200 + 70 + 400 + 200 = 888, et ce nombre est devenu le "nombre du Christ".

Les Hébreux utilisaient leur alphabet de la même façon. Le nom de Dieu, Yahvé, prenait la valeur 26 : ce nombre intervient très souvent dans l'Ancien Testament...

יהוה

A	B	C	D	E	F	G	H	I	J
א aleph	ב bet	ג guimel	ד dalet	ה he	ו vav	ז zayin	ח het	ט tet	י yod
1	2	3	4	5	6	7	8	9	10

K	L	M	N	O	P	Q	R	S	T	U	V
11	12	13	14	15	16	17	18	19	20	21	22
כ kaf	ל lamed	מ mem	נ noun	ס samekh	ע 'ayinl	פ pe	צ tsade	ק qof	ר resh	ש shin	ת tav
20	30	40	50	60	70	80	90	100	200	300	400

Plus près de nous, et avec humour, les typographes français du XIXe siècle travaillant dans les imprimeries s'alertaient de l'arrivée de leur chef en criant "22 !"

Ce nombre correspond à la "somme" des lettres du mot "chef" si on donne à chaque lettre la valeur de son rang dans l'alphabet : 3 + 8 + 5 + 6 = 22.

D'où l'expression "Vingt-deux, v'là l'chef !"

Les messages codés

Cette association d'une valeur numérique attribuée à chaque lettre a donné l'idée de code secret.

Ainsi le service du "Chiffre" est-il le bureau militaire chargé de "chiffrer" et de "déchiffrer" les messages codés. En temps de guerre, comme en temps de paix, la transmission d'informations secrètes a utilisé toutes les ressources des chiffres.

Des plus simples aux plus complexes, nombreuses ont été les méthodes imaginées. Jules César, par exemple, faisait décaler les lettres d'un ou plusieurs rangs dans l'alphabet :

Le décalage de 1

A B C D E F G H I J K L M N O P Q R S T U V W X Y Z

B C D E F G H I J K L M N O P Q R S T U V W X Y Z A

Pour plus de détails, voir Top secret *(Editions Circonflexe)*

Le monde et les nombres

1

Le nombre 1 est évidemment le symbole de l'unité d'un tout, harmonieux et parfait.

"La République française est une et indivisible", déclare le premier article de la Constitution du 24 juin 1793.

2

Mais le monde n'est vivant que parce qu'il y a, partout et toujours, deux choses qui s'opposent en se complétant : le masculin/le féminin, le jour/la nuit, le Ciel/la Terre, l'Actif/le Passif.

La civilisation chrétienne marque cette dualité par les fêtes des deux saints Jean : la St-Jean-Baptiste au solstice d'été (le 24 juin) et la St-Jean-l'Evangéliste au solstice d'hiver (le 27 décembre).

Et la civilisation chinoise évoque le Yin et le Yang, ces deux principes opposés qui se fécondent pour retrouver l'unité...

3

Cependant, l'union de deux êtres ou de deux idées en engendre souvent un (ou une) troisième qui en réalise une "synthèse", à la fois plus équilibrée et dynamique.

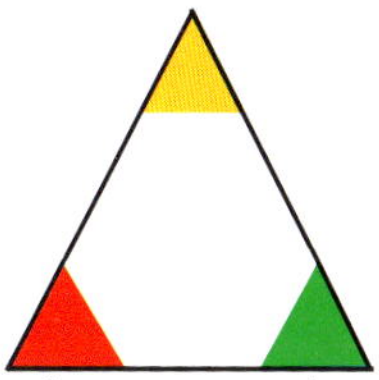

4, 5, 6

Nous voilà au début d'une combinatoire complexe; et l'on pourrait continuer à parcourir ainsi la suite des nombres, en y voyant le reflet du monde des hommes et de leur vie à la fois simple et compliquée.

Si le nombre 3 vaut 2 + 1, le nombre 4, qui vaut 2 + 2, a la stabilité du carré avec ces quatre coins. Il y a quatre points cardinaux pour occuper l'espace, quatre éléments pour construire le monde et quatre mousquetaires pour faire une bande d'amis...

Avec le nombre 5 commence la variété possible des représentations.

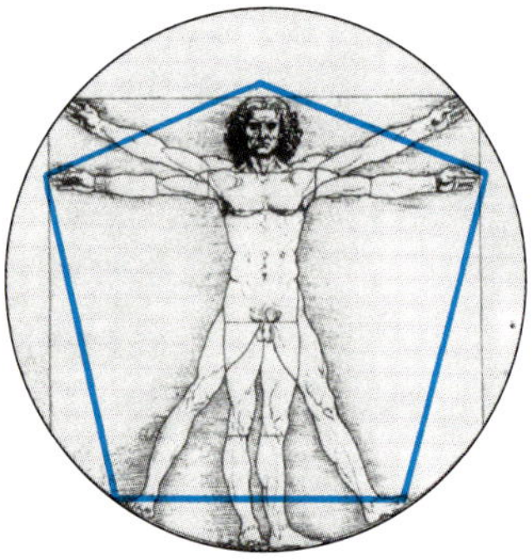

Avec le 6, on retrouve l'équilibre. La division d'un cercle en 6 arcs égaux est en effet plus facile à réaliser que n'importe quelle autre division : il suffit de reporter le rayon à partir d'un point du cercle (fig. 1) ! On peut ensuite relier ces différents points pour constituer une étoile à 6 branches (fig. 2).

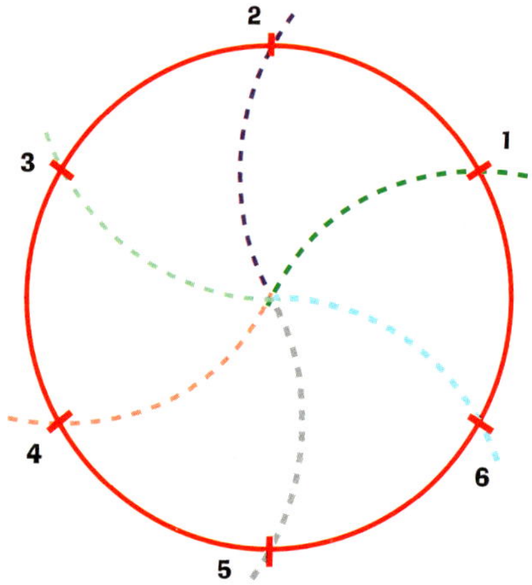

fig. 1

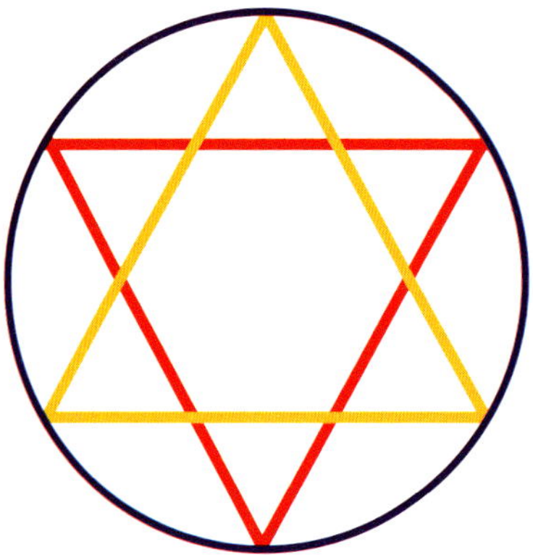
fig. 2

7

Et voilà le fameux nombre 7 auquel les hommes ont si souvent attribué un caractère magique !

Déjà, à l'origine, lorsqu'ils ont regardé le ciel, ils y ont trouvé 7 astres se déplaçant d'une façon différente des autres et décrivant une trajectoire circulaire : le Soleil, la Lune, et les planètes Mars, Mercure, Jupiter, Vénus et Saturne.

Ils les ont associés à la suite des jours (lundi, mardi, mercredi, jeudi, vendredi, samedi et dimanche) pour former une “semaine”.

Cela tombait bien puisque, toutes les 4 semaines, la Lune réapparaissait exactement sous le même aspect (en outre, 1 + 2 + 3 + 4 + 5 + 6 + 7 = 28).

Alors, ils ont parlé des Sept Merveilles du monde, des sept jours de la Création, des sept péchés capitaux, des sept collines de Rome, des sept arts libéraux, et même des sept couleurs de l'arc-en-ciel, qui, logiquement, ne devraient être que six !

Et lorsque Jean Sébastien Bach inventa le clavecin bien tempéré, il utilisa les 7 notes de la gamme : avec leurs intervalles d'un ton ou d'un demi-ton, ces 7 notes se répartissent en fait comme sur une horloge de 12 heures dans laquelle on aurait tracé une étoile à 12 branches et effacé les 5 dernières.

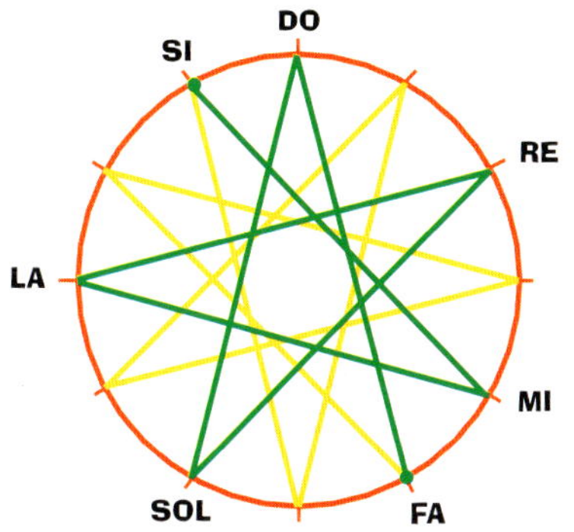

Bien plus tard, les mathématiciens trouveront une assez curieuse particularité de ce nombre : parmi les polygones réguliers, le premier qui ne peut pas se construire à la règle et au compas est justement celui qui a 7 côtés...

Des suites de nombres

0, 1, 2, 3, 4, 5, 6, 7, 8, 9, 10, 11, 12, 13, 14, 15, 16, 17, 18...

Telle est la suite naturelle des nombres : régulière et monotone, elle sert à dénombrer les éléments successifs d'une collection.

Mais certaines collections sont plus amusantes que d'autres...

La collection des nombres triangulaires

Par exemple la collection obtenue en additionnant successivement les premiers entiers :

1 + 2 + 3 + 4 + 5 + 6 + 7 + ...

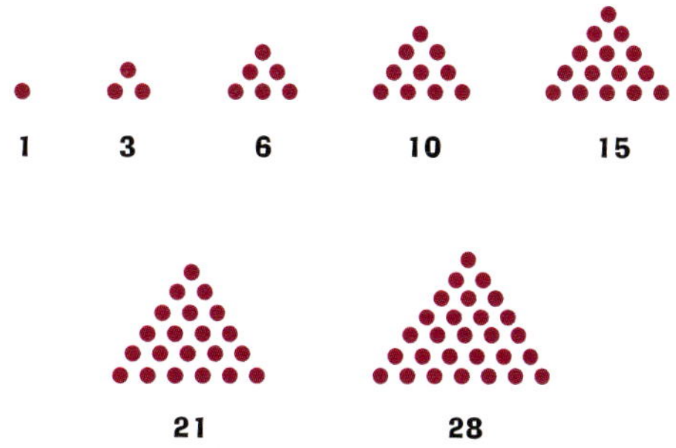

Ce sont les nombres "triangulaires".

Imaginons que dix personnes se retrouvent ensemble à une fête et que chacun d'elles salue toutes les autres en leur serrant la main. Le nombre de poignées de main échangées est le nombre triangulaire 45.

La collection des nombres carrés

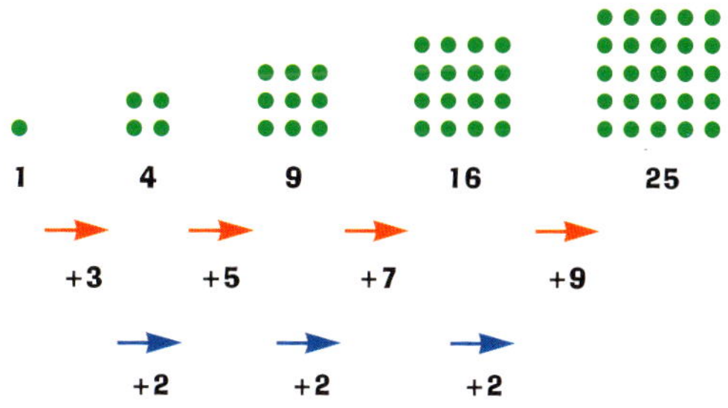

Etonnant : les différences entre deux carrés successifs produisent la suite des nombres impairs.

La suite des nombres carrés correspond à la surface de carrés de côtés 1, 2, 3...

Les surfaces augmentent plus vite qu'on ne pourrait le croire... Par exemple, si on double le côté d'un carré, sa surface est multipliée par 4.

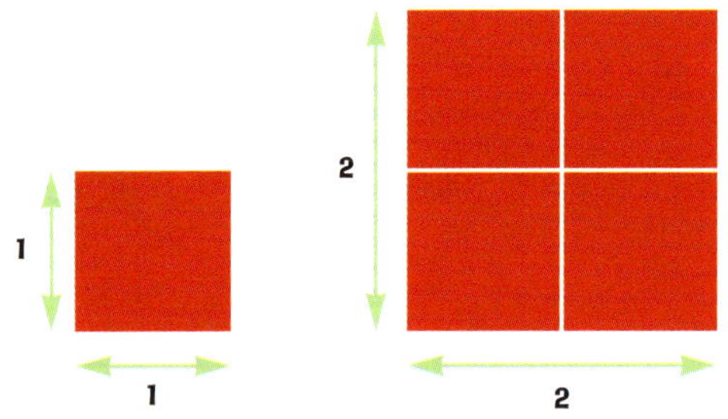

La collection des puissances de dix

1	10	100	1000	10 000	100 000
	x10	x10	x10	x10	x10

On a pris l'habitude d'écrire les grands nombres en séparant bien les tranches de trois chiffres à partir de l'unité; cela rend la lecture plus simple.

Et, sur les calculatrices, on écrit tout simplement, derrière la lettre E, le nombre de zéros qu'il faut ajouter à l'écriture d'un nombre : 4 E8 représente le nombre 400 000 000.

Pourquoi cette lettre E ?

Elle est l'initiale du mot "exposant" : sur le papier, 1 E7 s'écrit 10^7, écriture qui se lit "dix exposant sept", et qui est le nombre 10x10x10x10x10x10x10 (le nombre 10 écrit sept fois).

On peut ainsi écrire de très grands nombres. Dans le tableau ci-dessous, ils sont accompagnés du préfixe utilisé lorsqu'ils expriment une mesure.

10^{24}	1 000 000 000 000 000 000 000 000	(yotta ; Y)
10^{21}	1 000 000 000 000 000 000 000	(zetta ; Z)
10^{18}	1 000 000 000 000 000 000	(exa ; E)
10^{15}	1 000 000 000 000 000	(peta ; P)
10^{12}	1 000 000 000 000	(téra ; T)
10^{9}	1 000 000 000	(giga ; G)
10^{6}	1 000 000	(méga ; M)
10^{3}	1 000	(kilo ; k)
10^{2}	100	(hecto ; h)
10^{1}	10	(déca ; da)
10^{0}	1	(unité)
10^{-1}	0,1	(déci ; d)
10^{-2}	0,01	(centi ; c)
10^{-3}	0,001	(milli ; m)
10^{-6}	0,000 001	(micro ; µ)
10^{-9}	0,000 000 001	(nano ; n)
10^{-12}	0,000 000 000 001	(pico ; p)
10^{-15}	0,000 000 000 000 001	(femto ; f)
10^{-18}	0,000 000 000 000 000 001	(atto ; a)
10^{-21}	0,000 000 000 000 000 000 001	(zepto ; z)
10^{-24}	0,000 000 000 000 000 000 000 001	(yocto ; y)

Les "puissances" de dix augmentent très très vite : la sixième puissance s'écrit déjà un million.

Et ce fait se vérifie pour toutes les puissances : en multipliant un nombre plusieurs fois par lui-même, on obtient rapidement des quantités beaucoup plus grandes qu'on ne l'imagine. C'est ce phénomène qui explique l'extension des épidémies, la propagation des rumeurs, l'explosion démographique ou l'inflation galopante...

Des grains de riz sur un échiquier

Il était une fois un empereur persan, Charma, qui voulait récompenser l'un de ses sujets, Seta, pour son invention merveilleuse : le jeu d'échecs.

"Comment veux-tu être récompensé ?" lui demanda Charma. "Donnez-moi une paire de grains de riz pour la première case de mon échiquier, répondit Seta, quatre grains pour la deuxième case, huit grains pour la troisième, le double pour la suivante et ainsi de suite : doublez ma récompense pour chaque case de l'échiquier, jusqu'à la soixante-quatrième."

"Accordé", dit Charma. Imprudente promesse ! Le savant mathématicien attaché à la cour eut tôt fait de montrer à l'empereur que jamais la Terre ne pourrait produire assez de riz pour qu'il tienne ses engagements. (Un sac de riz de 1 kg représente environ 60 000 grains.)

Quelques puissances de deux

2^0 =	1
2^1 =	2
2^2 =	4
2^3 =	8
2^4 =	16
2^5 =	32
2^6 =	64
2^7 =	128
2^8 =	256
2^9 =	512
2^{10} =	1 024
2^{11} =	2 048
2^{12} =	4 096
2^{13} =	8 192
2^{14} =	16 384
2^{15} =	32 768
2^{16} =	65 536
2^{17} =	131 072
2^{18} =	262 144
2^{19} =	524 288
2^{20} =	1 048 576
2^{30} =	1 073 741 824
2^{40} =	1 099 511 627 776
2^{50} =	1 125 899 906 842 624
2^{60} =	1 152 921 504 606 846 976

Les nombres et la géométrie

Si les nombres entiers s'écrivent avec des chiffres, l'utilisation d'une virgule, marquant la position des unités, permet d'écrire des nombres décimaux.

Grâce à cette écriture à virgule, on peut écrire tous les nombres mesurant, par exemple, la longueur de n'importe quel segment de droite.

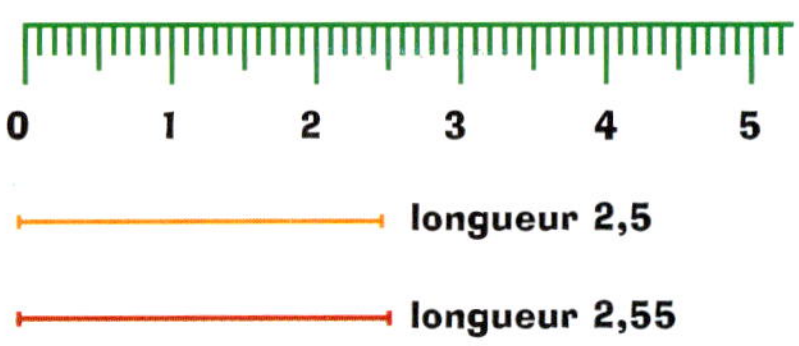

Evidemment, le segment de longueur 2,53 ne se distingue pas facilement du segment de longueur 2,54. Il faudrait une loupe, mais on comprend bien que l'on puisse associer, à tout segment, un nombre mesurant exactement sa longueur; quitte à ce que le nombre de décimales après la virgule devienne très grand. Certaines mesures, pourtant très simples, peuvent même avoir un développement décimal illimité.

Ainsi : 1/3 = 0,3333333333..........., et il faudrait écrire une infinité de trois pour que l'égalité soit juste.

Nombres irrationnels

Mais on peut imaginer que les chiffres après la virgule se suivent indéfiniment sans régularité, un peu n'importe comment. Et on écrit alors des nombres que les mathématiciens grecs ont appelés irrationnels — parce que ces nombres ne sont pas des “ratios”, c'est-à-dire des “quotients”, des “rapports” de nombres entiers.

C'est le cas du nombre π. Celui-ci est égal à : 3,14159265358979323846264338327950288419716979399375l0........

On connaît aujourd'hui, grâce aux ordinateurs, des milliards de décimales de ce nombre; elles ont l'air d'être distribuées au hasard. On ne peut les prévoir : il faut les calculer les unes après les autres.

Pourquoi ce nombre s'appelle-t-il π ? Parce qu'il mesure exactement le périmètre d'un cercle de diamètre 1.

π, vingtième lettre de l'alphabet grec, est l'initiale du mot περιμητρον signifiant “périmètre”.

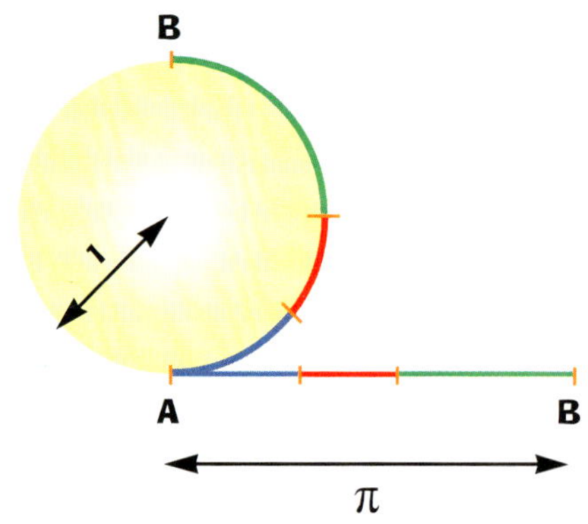

En faisant rouler un cercle de rayon 1 sur une droite, la distance parcourue, après un demi-tour, mesure exactement π.

Les Grecs connaissaient d'autres nombres irrationnels. Le premier qu'ils découvrirent paraissait très simple : c'est le nombre qui mesure la diagonale d'un carré de côté 1.

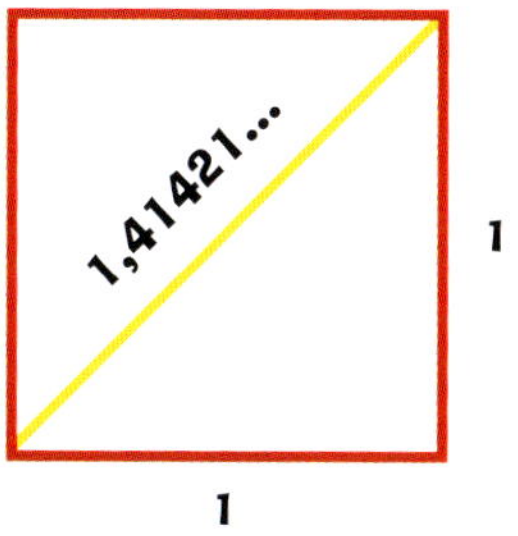

Un autre nombre irrationnel connu depuis l'Antiquité a été choisi pour mesurer de nombreux éléments architecturaux : le nombre d'or. Pour le "construire", on part d'un carré et on marque le segment joignant le milieu d'un côté à un sommet qui n'est pas sur ce côté; le nombre d'or est celui qui mesure ce segment prolongé du demi-côté du carré. Voici l'écriture de ses 6 premières décimales : 1,618034.

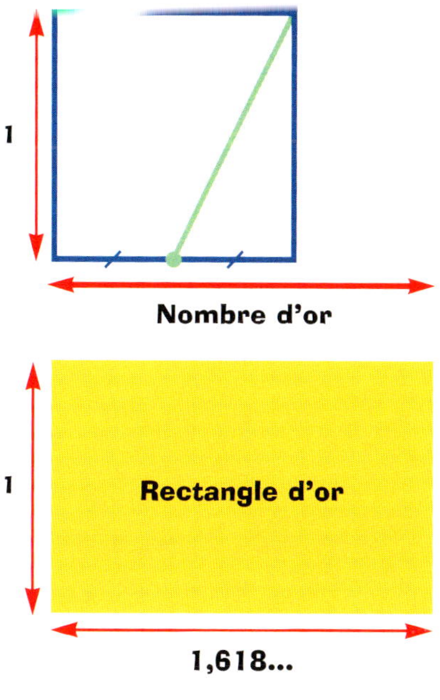

La façade d'un temple grec avait souvent les dimensions d'un rectangle d'or. Et dans de nombreuses œuvres d'art, on peut retrouver la trace de constructions géométriques...

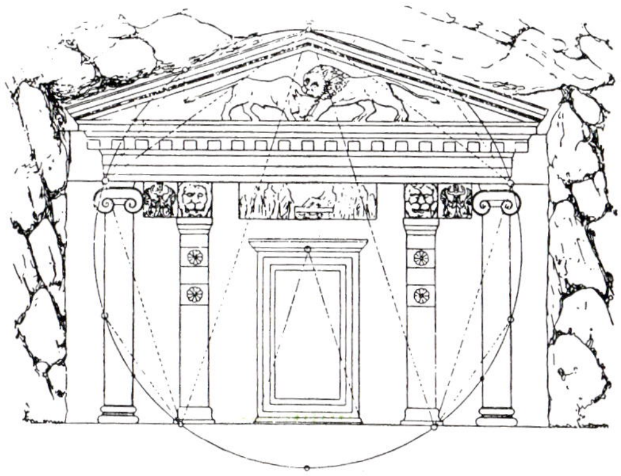

Pour finir...

Si ce livre se termine, l'aventure dans le monde des chiffres et des nombres se poursuit. Car, dans cet univers, on rencontre aussi des nombres parfaits, transcendants, algébriques, des symboles, et bien d'autres surprises encore.

Lire, découvrir, jouer, reconnaître, comprendre... à chacun d'y prendre plaisir.

LEXIQUE

additif

qui se sert surtout de l'addition.

base

la base d'une numération est le nombre grâce auquel tous les nombres peuvent s'écrire par combinaison avec lui. Par exemple, la base de notre numération est "dix" ; alors :
365 = 3 x 10 x 10 + 6 x 10 + 5

chiffre

symbole servant à écrire des nombres.

décimal

qui utilise le nombre "dix".

facteur

nombre multipliant un autre nombre.

irrationnel

un nombre irrationnel est un nombre qui n'est pas le résultat d'une division d'un entier par un autre entier.

multiplicatif

qui se sert surtout de la multiplication.

nombre

un nombre "entier" sert à compléter les éléments d'une collection ; un nombre quelconque (entier ou non) sert à mesurer la grandeur d'un objet.

numération

un système de numération est un ensemble de règles utiles pour écrire les nombres.

puissance

les puissances d'un nombre sont les résultats successifs des multiplications de ce nombre par lui-même.

zéro

chiffre marquant l'absence de certaines unités dans l'écriture d'un nombre.